Kurt Morgen

Manager-Sichten
reflektiert in Gedichten

Kurt Morgen

Manager-Sichten
reflektiert in Gedichten

Illustriert von Brigitte Pega

Frankfurter Allgemeine Buch

Die Deutsche Bibliothek – CIP-Einheitsaufnahme

Morgen, Kurt:
Manager-Sichten reflektiert in Gedichten. –
Frankfurt am Main : Frankfurter Allgemeine Zeitung, Verl.-Bereich Buch,
2001

ISBN 3-89843-038-3

Frankfurter Allgemeine Zeitung
Verlagsbereich Buch

Gestaltung F.A.Z.-Marketing/Grafik
Druck: Druck & Beratung E. Schäfermeyer, Hanau
Erste Auflage, 2001

ISBN 3-89843-038-3

Kurt Morgen, geb. 1936, begann seine 40-jährige Banklaufbahn mit einer Lehre. Es folgten die vorübergehende Auswanderung in die USA und schließlich viele Jahre als Mitglied des Vorstands einer deutschen Großbank. Seine privaten Interessen gelten u. a. der gebundenen Sprache, „nicht zuletzt, weil sich manches ohne zu verletzen besser sagen läßt".

Inhalt

Warum* 9
Der Zauderer 10
Die Erfolgsleiter* 11
Fortune 14
Der Stimmbruch 15
Der kleine Unterschied* 16
Das Auf und Ab 18
Siegfried 19
Die jungen Wilden 21
Die zweite Jugend 23
Der zelebrierte Schein 25
Die großen kleinen Männer* 28
Die lukrative Übernahme 31
Im Blick zurück 33
Elefantiasis 34
Versagen in vitalen Fragen 37
Der Berater* 39
Shareholder Value 42
Der halbe Weg 43
Maß und Ziel 44
Zubehör* 47
Eduard Mörike zu Vorkommnissen
in der Bauindustrie 49
Die Hierarchie 50
Mittel gegen Titel 52
Das versteckte Talent 54
Tierisch* 57

Die freie Rede 62
Last but not least 63
Panzerwagen* 64
Die Sterne 65
Der mitbestimmte Manager* 66
Zweizeiliges 68
Die Erfolgsfalle* 69
Der Sitzungsrhythmus 71
Die Halbierung 72
Kommunikation 73
Der Kunstsammler* 75
Wohlstandsgestaltung 76
Reflektionen 79
Spaß am Stiften 81
Erschwingliches Reisen 82
Die Erbschaftssteuer* 84
Die Waage* 85
Das Fahrrad 87
Die Golfklinik 89
Der sechzigste Geburtstag* 93
Der Führungspensionär 97
Morbus pensionaeris* 98
Doppelt soviel Mann 100
Der siebzigste Geburtstag 101
Schlußbetrachtung* 103

Der Druck der mit * gekennzeichneten Gedichte erfolgt mit freundlicher Genehmigung des Modul Verlag, Wiesbaden aus „K. Morgen: Manager Geschichten in Form von Gedichten".

Warum

Man kennt die Manager mitnichten
Aus Reimen oder gar Gedichten,
Auch keine Ohrwurm-Melodie
Besingt, verbrämt und würdigt sie.
Allein in der Berichterstattung
Erscheinen sie als eig'ne Gattung,
Die wenig Anhaltspunkte bietet
Für einen, der gern Verse schmiedet.

Beim Blicken hinter die Kulisse
Zeigt dieses falsche Bild bald Risse.
Nur auf der Ebene verschoben,
Menschelt's nicht weniger dort oben,
Und vieles, was in solchem keimt,
Ist eben doch nicht ungereimt.
Dies aufzuzeigen als Versuch,
War Ausgangspunkt für dieses Buch.

Die Zauderer

Es ist ein echtes Phänomen,
Daß Zaud'rer oft ganz oben stehn,
Weil sie geschickt vermeiden
Als erste zu entscheiden.

Die Erfolgsleiter

Wie kommt man auf der langen Leiter
Der Hierarchie am besten weiter?
Wie meidet man schmerzhafte Tritte
In der Frequenz der richt'gen Schritte?
Hilfreich dabei sind ein paar Thesen,
Von solchen, die selbst auserlesen.

- Setze dir das höchste Ziel,
  Bescheidenheit hilft selten viel.

- Vertraue voll und ganz auf's Glück,
  Selbstzweifel werfen nur zurück.

- Dein Motto fass' in einen Satz:
  Vorn ist im Leben immer Platz.

- Laß' Kunden völlig freien Lauf,
  Karrieren bau'n sich intern auf.

- Scherz, Charme und Lächeln lohnen immer,
  Speziell im Umfeld Vorstandszimmer.

- Lobe gezielt und oft nach oben,
  Gleiches nach unten wär' verschroben.

- Begleite deines Chefs Humor
  Lautstark wie der Thomanerchor.

- Kannst du es irgendwie vermeiden,
  Strategisch denken, nicht entscheiden.

- Last but not least, als Mann der Tat,
  Streu ein das Codewort „Derivat".

Wenn man trotz allem doch nichts wird,
Hat sich die Firma schlicht geirrt.
Vielleicht ist ohnehin das Erben
Gesünder als das zu früh Sterben,
Denn mancher Sarg wurd' schon geordert,
Weil der Bewohner überfordert.

Fortune

Karriere spielt sich ab in Stufen,
Hier jeweils nach Fortuna rufen,
Beschleunigt mit Wahrscheinlichkeit
Den Aspiranten nicht sehr weit.
Konstellationen sehn und handeln,
Und Chancen in Erfolg zu wandeln,
Gilt oft im Neid und Blick zurück
Als Zufall oder schieres Glück,
Weil gerne man den Unterschied
Zwischen Fortune und Glück nicht sieht.

Der Stimmbruch

Weil die Natur dem Knaben,
Was Mädchen so nicht haben,
Im Zuge seiner Pubertät
Kampflos den Stimmbruch zugesteht,
Wirkt im Erfolg, wenn sie ihn will,
Die Frau oftmals ein wenig schrill.

Der kleine Unterschied

Hat die Natur etwa gespart
Beim Homo sapiens ohne Bart?
Natürlich läßt sich das nicht sagen,
Doch gilt es schon einmal zu fragen,
Warum im Management ganz oben
So wenig Frauen führend toben.
In vielen wichtigen Berufen
Erklimmen sie sehr wohl die Stufen.
Auch in der hohen Politik
Beweist man eindrucksvoll Geschick.
Nur in der Bank und Industrie
Geht's nicht voran, hier scheitern sie.

Karrieren und Erfolg im Ganzen
Ähneln sehr stark dem Wuchs der Pflanzen.
Sie wachsen oder wachsen nicht,
Falls man das Wässern unterbricht.
Das später nachgeholte Gießen
Zeitigt nur langsam neues Sprießen.
In jedem Fall steh'n sie im Schatten
All' derer, die mehr Wasser hatten.

Just solches widerfährt der Frau,
Die motiviert und zudem schlau,
Talente helfen nur bedingt,
Wenn man nach Luft im Kindbett ringt.
Ihr Schicksal ließe sich besiegen
Sofern auch Männer Kinder kriegen.
Die Hoffnung keimt in der Retorte
Als Kontra zu „Viagra forte".

Das Auf und Ab

Losgelöst von Erdenschwere,
Steigt auf einmal die Karriere
Unaufhaltsam wie im Föhn
In erstaunlich große Höhn,
Ohne daß die Auftriebskraft
Basiert allein auf Meisterschaft.
Im Gegenteil, hoch angekommen,
Wirkt man zunächst sogar beklommen,
Weil schon der Maßstab weiter oben,
Aus neuer Sicht markant verschoben.

In Wahrheit hängt das Flugerlebnis
Häufig zusammen im Ergebnis
Mit unerwarteten Vakanzen
Durch turbulente Dissonanzen,
Die letztlich Grund, daß warme Luft
Zu früh beim Vorgänger verpufft.
Wer so ins Thermikloch geriet,
And're zugleich nach oben zieht,
Womit das Auf und Ab in Frage
Oft Zufall wie die Wetterlage.

Siegfried

Wer seinen Mann stets Bubi nennt,
Weil sie ihn aus der Schulzeit kennt,
Empfehle man, hab acht,
Falls er Karriere macht.
Denn arbeitsreiche Bürde
Schafft Eitelkeit und Würde
Alltäglich im Büro,
Mit Schlüssel für das eig'ne Clo.

Was aber folgerst du daraus:
Ruf Siegfried lieber ihn zu Haus!

Die jungen Wilden

Die vielfältigen Bankentitel
Ersetzten oft die baren Mittel,
Sie allesamt entstammten
Der Zeit der Bankbeamten.
Nichts mehr ist derart provinziell
Heut' geht das Geldverdienen schnell,
Denn Hightech und Investmentbanking
Fordern ein völlig and'res Ranking.
Da springen junge, smarte Männer,
Bemerkenswerte Fremdwort-Kenner,
Die machen unter anderm gar
Imaginäres handelbar.
Bevor man wirklich ganz versteht,
Um was es letztlich konkret geht,
Turnen die fixen Akrobaten
Längst schon mit neuen Derivaten.
So spielt als Folge die Kontrolle
Ex post nur eine seichte Rolle,
Indem sie sauber registriert
Wann wo die Bank an Geld verliert,
Weil ein Geschäft im ersten Jahr
Im zweiten vielleicht doch keins war.

Wer so saldiert, verliert die Gunst
Der jungen Wilden in der Kunst,
Volumen rasch voranzutreiben,
Statt sich am Rückwärtsblick zu reiben.
Falls denn die Zahlen wirklich flau
War's sowieso die EDV.
Das zeitigt oft im Übermaße
Profit im Sinn der Einbahnstraße,
Mit dem Salär direkt gekoppelt
Hat sich dasselbe bald verdoppelt
Und schwebt wie ein Ballon im Fön
Dank warmer Luft in große Höh'n.
Wie aber, wenn er auserkoren,
Etwa zu Höherem geboren?
Dann machte er aus seiner Sicht
Im Haus Karriere durch Verzicht.
Der Aufsichtsrat müßt' offen fragen
Und gleich ein Wort des Dankes sagen,
Denn solch ein Opferunterfangen
Kann keiner einfach so verlangen,
Was arithmetisch klar beweist,
Die Hierarchie ist wohl entgleist.

Die zweite Jugend

Mit Ende Fünfzig, Anfang Sechzig,
Ist mancher Manager verletzlich,
Denn erste Zeichen weisen
In Richtung altes Eisen.
Dies passiv zu erleben,
Hieße, sich aufzugeben.
Bei seiner inneren Statur
Geht ihm das wider die Natur.

Erfolge prägen das Gesicht,
Falten als solche zählen nicht,
Auch wenn statt Haar ein Rest von Flaum,
Von vorne zeigt's der Spiegel kaum.
Man ist so alt wie man sich sieht,
Und selber seines Glückes Schmied.
Das nennt man positives Denken,
So läßt sich auch der Blutdruck senken.

Da fällt's wie Schuppen von den Augen,
Wozu solch Analysen taugen:
Nicht er ist der, der ältlich grau,
Es ist die angetraute Frau.
Er spürt es klar am eigenen Leib,
Der Mann bleibt jünger als das Weib.
Ein schwacher hormoneller Stoß
Besiegelt dann das Ehelos,
Und setzt die zweite Jugend
Rasch vor der Treue Tugend.

Der zelebrierte Schein

Der Redetitel stammt von ihm,
Den Rest besorgt ein Schreiberteam
Professionell und routiniert,
Die Seiten inhaltlich sortiert,
Das Schriftbild sichtlich nicht gedrängt,
Damit der Blick, der es umfängt,
Wenn rechts und links den Hals er windet,
Die Zeile bald auch wiederfindet.
Zudem nutzt man zur Stimmenschonung
Und Hilfe bei der Wortbetonung
Das zielgerechte Unterstreichen
Für Dämpfungs- oder Hebezeichen
Sowie den Balken vertikal
Als warnendes „Halt-an"-Signal;
Letzt're mit Rotstift variiert,
Was läng're Pausen garantiert.

So tritt der Redner von Format
Auf derart präpariertem Pfad
Geschmeidig hin zum Podium,
Sein Blick markiert das Publikum,
Bis man die Nadel fallen hört,
Und wirklich gar nichts mehr ihn stört.

Jetzt, unvermittelt legt er los,
Der Start gelingt gekonnt furios
Mit: „Meine Damen, meine Herren",
Das spricht er frei des öft'ren gern,
Dann liest er elegant vom Blatt
Gespannt, was er zu sagen hat.
Falls alle lachen, lacht er mit
Und kommt selbst dann nicht aus dem Tritt,
Wenn vorne jemand eingenickt.
Den weckt er wiederholt geschickt
Durch schnell'ren Duktus und Frequenz
Erhält er meist die Vollpräsenz.

Von Zeit zu Zeit streckt er das Kinn,
Verleiht dem Vortrag noch mehr Sinn
Und sich die Souveränität,
Die vortragstechnisch nie zu spät.
Da, plötzlich klatschen viele Hände,
Beinah hätt' er verpaßt das Ende.
Der Beifall wird zur Ovation,
Das läßt ihn ohne Diskussion,
Mit leichtem Lächeln auf den Lippen,
Ein letztes Mal am Glase nippen,
Eh' er entscheidet, nun zu gehen,
Statt sprachlos hinter'm Pult zu stehen.
Schon sind die leere Wasserflasche
Und die Verkündung in der Tasche
Gemeinsame Vergangenheit.
Ihm bleiben Stolz und Heiserkeit.

Oftmals kann zelebrierter Schein
Die Quelle des Erfolges sein.

Die großen kleinen Männer

Warum bedeutet Körpergröße
Für kleine Männer eine Blöße?
Warum nur glaubt der kleine Mann,
Er müsse ganz besonders ran?

Babys in Reih und Glied
Verzeichnen wenig Unterschied.
Von Gewicht und Größe her
Ähneln sie sich durchaus sehr.
Aber dann –
Fangen sie zu wachsen an.

Nicht, was der Knabe trank und aß,
Sichern ihm das Gardemaß.
Und der, der früher stubenrein,
Bleibt, wenn er Pech hat, dennoch klein.
Was aber macht im wahren Kern
Den kleinen oder großen Herrn?

Merke:
Ob Große oder „Kleene",
Entscheidend sind die Gene
Bis hin zur Pubertät,
Wer jetzt nicht wächst, der kommt zu spät.

Verspätung dieser Art vertäut
Im „Unter-Ich" laut Siegmund Freud
Bei jedem ohne Wachstumsstöße,
Daß Länge heißt noch lang nicht Größe.
Diese Theorie
Fördert enorme Energie!

Als Bub zu klein zum Raufen,
Lernt er extrem schnell laufen.
Hinten zu sein und gar nichts sehen,
Zwingt ihn, bevorzugt vorn zu stehen.
Und dem weiblichen Geschlecht
Wird er mit starkem Wort gerecht.

Dieses Imponiergebaren
Läßt sich im Beruf bewahren.
Das Ergebnis ist frappierend;
Viele Kurze sieht man zierend
An den Spitzen
Großer Unternehmen sitzen.

Die so erreichte Dimension
Begrenzt der Horizont „Pension".
Niemand würd' gern früher gehen,
Und sich dabei schrumpfen sehen.
Mit Sicherheit wird keiner
Freiwillig wieder kleiner.
Als Folge gilt, was immer galt,
Kleine werden niemals alt!

Die lukrative Übernahme

Es mehren sich die Übernahmen
Im kleinen wie im großen Rahmen,
Wobei die Frage gar nicht wichtig,
Ob sie im Einzelfalle richtig.
Friß, oder du wirst selbst gefressen,
Derart wird der Erfolg gemessen.

Natürlich liegt es auf der Hand,
Der Vorstand leistet Widerstand.
Sehr kämpferisch legt er sich quer
Und warnt dabei den Aktionär,
Daß' selbst im Falle eines Falles
Die hohen Kurse wohl kaum alles,
Denn bei strategisch langer Sicht
Passe die Ehe einfach nicht.

Die Dinge nehmen ihren Lauf,
Am Ende gibt das Opfer auf.
Sein Chairman äußerst souverän
Wird irgendwann im Frühjahr geh'n
Mit sechzig, aber in Millionen,
Um Geist und Harmonie zu schonen.
Gemessen an dem ganzen Deal
Ist dieses in der Tat nicht viel,
So daß ein Bösewicht, wer denkt,
Man hätte deshalb eingelenkt.

Im Blick zurück

Franz-Joseph Strauß ward hochgelobt,
Weil BMW er stets erprobt.
Heut' gilt solch Tun als deutlich schlechter,
So heißt es zugleich selbstgerechter.
Ist die Moral jetzt aufgehoben,
Oder der Maßstab bloß verschoben?
Was richtig schien im Augenblick
Gilt leicht als falsch im Blick zurück.
Für die, die Unternehmen lenken
Ein Grund, in Weitsicht zu bedenken,
Daß man am besten vorher scheut,
Was schwerer wiegt, wenn erst bereut.

Elefantiasis

Wie Hose, Bluse, Rock und Hemd,
Bewegen Mode und der Trend
Auch Industrie und Handel
Zu immer schnell'rem Wandel.
Was gestern diversifiziert,
Ist längst schon wieder filetiert.
Wer spricht denn noch von ITT,
Einst progressiv und dernier cri.
Heut' glänzt als neue Strategie
Konträr die Einbein-Theorie
Mit fokussierter Kompetenz
Am Beispiel Chrysler-Daimler Benz.

Harmonisierte Denkanstöße
Zielen in Richtung Riesengröße.
„Me Too" heißt kühn jetzt die Vision,
Samt Management-Kompensation.
Es gilt jedoch, was immer galt,
Die Mode macht vor gar nichts halt.

Beim nächsten Trend kann man dann rechten,
Das Ganze wieder zu entflechten.
Mittel gegen Elefantiasis
Gibt es bis dahin ganz gewiß,
Verpackt in scheinbar neuen Thesen,
Alles ist schon mal da gewesen.

Versagen in vitalen Fragen

Wer drei- bis viermal vor'm Altar
Mit einer neuen Dame war,
Der zeigt, daß er als echter Mann
Mit wahrer Lust entscheiden kann.
Solch eigentlich privater Kick
Führt in der hohen Politik
Statistisch diejenigen nach oben,
Die Treue mehrfach gern geloben,
Weil flinke Flexibilität
In breiter Gunst weit vorne steht.
So scheint des Amors schneller Schuß
Für den Minister fast ein Muß.

Im Management und anderswo
Ist das durchaus nicht „comme il faut".
Hier zählt noch immer als Versagen
Der Irrtum in vitalen Fragen,
Weswegen, wenn man sich denn findet,
Man trotzdem sich nur zögernd bindet.
Würden Politiker dort thronen
Gäb' es unzählige Fusionen.

Der Berater

Berater sind modern.
Man engagiert sie gern
Zunächst für den konkreten Fall,
Auf einmal sind sie überall.
Manche nennen sich Consultant,
Die – international gestaltend –
Denen, die auch englisch können,
Globalere Gefühle gönnen.

Die Arbeitsweise ist bekannt,
Man geht dem Vorstand leicht zur Hand.
In vielen Unterteams geschichtet
Ist jedes Mitglied streng verpflichtet,
Zielstrebig dazu beizutragen,
Die Entscheidung zu vertagen;
Weil eine kluge Regel lehrt:
Entscheide nicht, bevor verkehrt.

Brich ja nichts über's Knie,
Das heißt, entscheide nie
Sehr rasch und ganz allein,
Du könntest einsam sein.
Wer wollte da schon gern entscheiden,
Wenn andere just solches meiden.

Wertvoll dabei die Eigenschaft
Der routinierten Führungskraft,
Verantwortung zu filetieren,
Ohne das Image zu tangieren.
Gleichzeitig gilt aus höh'rer Sicht
Der Lenkungsausschuß schon als Pflicht.
Der stimuliert die Analyse
Und wichtig auch, die Vorstandsgrüße.
Motivation ist Teil der Miete,
Selbst wenn der Rest daneben geriete.

Wie eine Schlange vor der Häutung
Erstarrt der Betrieb vor lauter Bedeutung.
Dann endlich geht es los.
Es folgt der erste Kostenstoß.
Nicht schamhaft oder gar versteckt,
Nein, Aufwand adelt das Projekt.
Nachdem die Hektik abgeebbt,
Zeigt der Berater sein Konzept –
In Grafiken auf fünfzig Blatt,
Genau das, was man erwartet hat.
Du kennst den Wald, rufe hinein,
Das Echo wird das Deine sein.
Mit dem Beratergiro drauf
Wertet sich Gleiches merklich auf.

Ein Zweites zeugt vom Niveau des Beraters
Ohne den Anschein des Übervaters.
Lediglich weist er dezent darauf hin,
Das Ganze mache nur dann einen Sinn,
Sofern das Konzept nicht solo behandelt,
Sondern erweitert in Strategie verwandelt.
Dieses Fernziel stellt voll zufrieden,
So werden heute Fehler vermieden.

Allein das Wiegen und das Messen,
Ob Geld und Zeit denn angemessen,
Gelingt meist erst nach Jahren,
Wenn es zu spät zum Sparen.
Doch eines steht außer Frage,
Egal, wie danach die Lage:
Keinem geht je die Arbeit aus
Mit hinreichend vielen Beratern im Haus.

Shareholder Value

In uns'rer so globalen Welt
Fließt seitdem grenzenloses Geld
Vorbei am Konsumenten
In Aktien, Fonds und Renten.
Es ist der Nachfrage zu eigen,
Daß anschließend die Kurse steigen,
Und mancher Wert scheint goldgerändert,
Obwohl sich gar nichts hat geändert.
Shareholder Value nennt sich das,
Solang er raufgeht, macht er Spaß.

Der halbe Weg

Übernahmen und Fusionen
Sollen sich für alle lohnen.
Darum gilt als hehres Ziel,
Fusioniere möglichst viel,
Denn je größer, desto besser
Zeigt der Synergiegradmesser.
Optimal wär's, wenn am Ende
Man allein sich wiederfände,
Auch, weil diese Größenlogik
Von gehöriger Symbolik.
Haut dies nicht – dank Brüssel – hin,
Macht ein Duopol schon Sinn.

Maß und Ziel

Menschen, die besonders tüchtig,
Werden manchmal arbeitssüchtig,
Ja, am Ende unentbehrlich,
Schmeicheln tut das, sind wir ehrlich.

Endlos lange im Büro
Samstags ganztags sowieso.
Schwarze Koffer voller Akten
Transportieren tausend Fakten
Zur Verhinderung der Schonung
Hin und her zur eig'nen Wohnung.
Wenn sie ab und zu mal leer,
Machen sie trotzdem was her.
In die wohlverdienten Ferien
Folgen Meter-Fax' in Serien
Und bestimmen so den Rythmus,
Wo ein jeder einfach mit muß.

Beim Gegenteil, dem Arbeitslosen
Kennen wir durchaus Neurosen.
Doch liegt die Sache umgekehrt,
Wird der Betroff'ne noch geehrt,
Mit Anerkennung überhäuft,
Je mehr in Arbeit er ersäuft.
Sie ist schon äußerst diffizil,
Die Sache mit dem Maß und Ziel.

Im vorbeschrieb'nen Sinn zu streben
Beschleunigt ungemein das Leben.
So wie man schon vom D-Zug weiß,
Hat schnelles Fahren seinen Preis.
Wer diesem Tempo erst verfällt,
Zahlt dafür nicht mit barem Geld,
Beglichen wird hier mit der Zeit,
Der allerknappsten Maßeinheit,
Unwiederbringlich an der Kasse,
Egal, in welcher Steuerklasse.

Zubehör

Nicht mit dem Auto und Chauffeur,
Statt dessen mit dem Rad,
Passierte ihm ein grand Malheur
Das tief sich eingegraben hat.

Im Regenschauer wurd' er naß
Und stieß auf das Lokal,
In dem er oft zu Mittag aß,
Bevorzugt gerne Aal.

Er dachte, jetzt ein heißer Tee
– es war ihm schrecklich kalt –
Wär' eine blendende Idee.
So macht er schnurstracks halt.

Doch eh er's richtig selbst begriffen,
Empfiehlt der junge Neu-Portier,
Im Tone gar nicht ungeschliffen,
Ein nah geleg'nes Stehcafé.

Die Moral von der Geschicht'
Ist wahr und gleichermaßen schlicht:
Wenn man das „Zubehör" verliert,
Wird man gleich anders adressiert.

Eduard Mörike zu Vorkommnissen in der Bauindustrie

Lange Schatten werden dunkler,
Treten ahnungsvoll hervor,
Erste kleingläubige Munkler
Finden noch kein off'nes Ohr;
Denn der Glanz von eitler Größe
Und die Hoffnung überstrahlen
Alle Zeichen einer Blöße,
Anders wär's nicht auszumalen.

Doch Gerüchte köcheln weiter,
Sie entwickeln einen Sog,
Kriechen langsam rauf die Leiter,
Suchen den, der vielleicht log.
Zahlen werden neu ermittelt,
Horch! Da platzt die Illusion,
Plötzlich ist der Wert ein Drittel,
Zudem wußt' man's immer schon.

Unberührt vom wilden Sturm
Trotzen Haus und Hallen,
Selbst der schiefe Pisaturm
Ist nicht umgefallen.

Die Hierarchie

Ein kleines oder großes Haus
Kommt ohne Hierarchie nicht aus.
Nur die, die ganz alleine,
Brauchen als Folge keine.
Das immer wirkungsvollste Mittel
Für eine Ordnung sind die Titel,
Ganz eng verknüpft mit der Lizenz
Für ein Modell von Daimler Benz,
Von BMW, vielleicht auch Audi,
Darunter reduziert's die Gaudi.
Natürlich nutzbar durch die Frau,
Zum Einkauf, und falls er mal blau.
Als Zusatzprivileg der Fahrer,
Das macht nach außen sichtbar klarer:
Wer hinten schläft im Firmenwagen,
Hat vorne meist noch mehr zu sagen.

So manche Umorganisation
Verändert viel samt der Funktion
Und teilt als Resultat im Nu
Standesgemäß auch Autos zu.
Wohltaten sind recht leicht verliehen,
Was vorher war, schwer zu entziehen.

Am Ende wundert man sich dann,
Wieso der Fuhrpark wachsen kann –
Mit ihm die ganze Hierarchie.
Es dankt die Autoindustrie.

Mittel gegen Titel

Mangel an geistiger Präsenz
Verschließt in letzter Konsequenz
Den Aufstieg nicht mit Sicherheit,
Manch einer kommt sogar recht weit.
Es gibt probat're Mittel
Gegen Erfolg und Titel.
Früher störte ab und zu
Schon der graue Straßenschuh,
Mit Hosenträgern kombiniert
Ward man nur selten promoviert.
Heut' weist die Linie mehr nach oben
Vom Fuß zum Kopfe hin verschoben.
Gemeint ist hier der Männerzopf,
Für Interviewer ohne Schopf
Ein feminines Accessoir,
Als Leitender schwer vorstellbar.

Im Gegensatz zu eins und zwei
Verspricht die Lösung Nummer drei,
Ob dümmer oder schlauer,
Karrierestopp auf Dauer,
Indem die Lippen perforiert
Und auch die Zunge noch verziert.

Die Beispiele beweisen,
Der Aufstieg kann entgleisen,
Sofern die eigene Erscheinung
Konträr zur Vorgesetztenmeinung.

Das versteckte Talent

Wenn Arbeit von Erfolg gekrönt,
Und man vor lauter solchem stöhnt,
Dann solltest du dir gönnen,
Auch etwas anderes zu können,
Denn irgendwann wird zur Routine
Das gleiche selbst auf höchster Schiene.
Einspurigkeiten muß man meiden,
Weil Spaß und graue Zellen leiden.
Im übrigen wird aufgefressen,
Wer arbeitsmäßig zu besessen.

Vielleicht könnt' der, der gut in Zahlen,
Dank seiner Kenntnis der Bilanz,
Durchaus geschönte Bilder malen
Mit positiver Resonanz.

Oder der Mann für EDV,
Der tief im Datenstromgemenge
So ohne Angst vor'm großen Gau
Viel besser in der Kirche sänge.

Seh'n wir den Sprecher einer Bank,
Der nüchtern vor der Presse steht,
Durch Marathon auf einmal schlank
Mit Neigung zum Naturpoet.

Denkbar, daß manche es genießen,
Zum Ausgleich waidmännisch zu jagen,
Um Böcke aushäusig zu schießen,
Statt inhaus nach Trophäen fragen.

Warum wär' nicht ein Aufsichtsrat
Aus souveräner Sicht,
Bewährt im Sitzungsdirigat
Ein Büttenredner von Gewicht?

Wie auch der Personalvorstand
Im Mitbestimmungsdunst
Eventuell ein Aspirant
Für die Verwandlungskunst.

Ein faszinierendes Talent
Ist das, was keiner ahnt noch kennt.
Selbst, wenn man bei der Suche lernt,
Wieweit von Größe doch entfernt,
Und daß ein Mangel an Geduld
Oftmals am Nichtgelingen schuld,
Ist diese Lehre ganz gewiß
Ein eindrucksvolles Vorkommnis.

Tierisch

Der Tiger

Im Grunde ist der Königstiger
Nicht immer nur ein Überflieger,
In jedem Falle aber Krieger,
Denn ohne Biss gibt's keine Sieger.

Das Schwein

Was manchem Mensch und Schwein gemein
Ist nicht der Herzinfarkt allein.
Das Schamgefühl ist zudem klein,
Besonders bei dem großen Schwein.

Der Ringelwurm

Der aalverwandte Ringelwurm
Lebt auch im Hauptverwaltungsturm.
Glaubt man Nobelpreisträger Blurm
Entgeht die Tierart jedem Sturm.

Der Papagei

Dem imposanten Papagei
Gefällt sein eigenes Geschrei;
Er überzeugt sich selbst dabei,
Der Inhalt ist ihm einerlei.

Die Kuh

Die ungemein gewicht'ge Kuh
Sagt in der Regel kraftvoll „muh".
Addiert man das Geschlecht hinzu,
Stünd' ihr ein Sitz im Gremium zu.

Das Pferd

Das wohl geführte Rassepferd
Fühlt sich vom Reiter unbeschwert,
Nur wenn der Rückwärtsgang gelehrt,
Wird der Gehorsam leicht verwehrt.

Die Ratte

Die Land- und auch die Wasserratten
Kauern bevorzugt gern im Schatten.
Sie werden erst zu Nimmersatten,
Falls ihre Opfer stark ermatten.

Der Hecht

Ein Dickbrettbohrer wie der Specht,
Findet die Welt sehr ungerecht;
Nur wer im Trüben sich erfrecht,
Erlangt den Titel „toller Hecht".

Der Pfau

Der Pfau schlägt gern ein großes Rad,
Er schätzt die Geste vor der Tat
Mit seinem Imponierspagat,
Weil sonst er nichts zu bieten hat.

Der Vogel Strauß

Der Kopf des flügellahmen Strauß
Trifft unter Tag die Wüstenmaus.
So weicht er der Entscheidung aus
Und mindert zudem Blutdruckstaus.

Die Meise

Ein kleiner Vogel zieht ganz leise
In manchem Großhirn seine Kreise.
Bei Höhenflügen dieser Weise
Sagt man „der Mensch hat eine Meise".

Die freie Rede

Selbst das rhetorische Talent,
Das man als freien Redner kennt,
Bedarf zur klugen Wortverbreitung
Der intensiven Vorbereitung.
Schwätzer mögen's etwas seichter
Und haben es von daher leichter.

Last but not least

Es wär' dem Manager zu gönnen,
Deutsch und auch Englisch gut zu können,
Denn Englisch gilt dem Management,
Was die Krawatte für das Hemd;
Im Sinn von Stil und Form
Ist beides im Büro die Norm.
Mit einem Strauß von Hermès-Bindern
Läßt sich die Blösse vorn verhindern.
Vergleichbar, wer die Sprache scheut,
Gern dafür Anglizismen streut –
In möglichst großer Zahl,
Klingt dies doch international.
Akzentuierend wende man
Mehrere Worte auf einmal an.
„Last but not least" without the „but"
Wirkt allerdings ein wenig matt.

Panzerwagen

Bodyguards und Panzerwagen
Sind nicht einfach zu ertragen,
Wie das Leben hinter Mauern
Kann man solches nur bedauern.
Schlimmer wird es nur noch dann,
Wenn im Spät'ren irgendwann
Diese Art Persönlichkeit,
Nunmehr von Sicherheit befreit,
Bemerkt, daß etwas Wicht'ges fehlt
Und der Gedanke bleibend quält.

Die Sterne

Das Kostenreduktionsmodell
Umfaßt das Auto und Hotel,
Ein Thema oft speziell gemieden
Wurd' diesmal äußerst rasch entschieden,
Wobei der Vorstand nicht zu fein,
Er reiht sich in das Schema ein.
Bescheidenheit so demonstriert,
Wird allenthalben observiert,
Gespannt auf seine erste Nacht
In reduzierter Zimmerpracht.

Das Wasser rauscht, das Wasser schwoll,
Ein Gurgeln füllt den Raum,
Da ist der Tank schon wieder voll,
Die Pause merkt man kaum.
Der nächste zieht,
Es braust schon wieder,
Der Gast entflieht
Und kommt nie wieder.

Die Moral von der Geschicht':
Lautlos entfernt man Sterne nicht.
Das gilt mit gleicher Vehemenz
Für ebenden von Daimler Benz.

Der mitbestimmte Manager

Man sagt, die deutsche Industrie
Entscheide langsam, manchmal nie.
Vor lauter Harmoniebedürfnis
Und großer Angst vor dem Zerwürfnis
Läßt man sich lieber loben
Für Dinge, die verschoben.

Als Erklärung muß man wissen,
Was vor und hinter den Kulissen.
Nach altbewährtem Aktienrecht,
Und das ist sicherlich nicht schlecht,
Soll jeder Vorstand nach fünf Jahren
Jeweils Verlängerung erfahren.

In unseren mitbestimmten Zeiten
Müssen just jene dies begleiten,
Die gleichzeitig sensibelst hören,
Wo Manager die Kreise stören.
Wer möchte da noch straff entscheiden
Und die Verlängerung vermeiden?
Es geht um Ruf und auch um Geld,
Was ist dagegen schon ein Held?

Das Resümee von der Geschicht':
Man weiß es, aber wagt es nicht,
Sich derart zu erfrechen,
Etwa die Wahrheit auszusprechen.

Zweizeiliges

- In einem Konkurrenzgespann
  Siegt der, der besser reden kann.

- So mancher, den wir stark erleben,
  Ist abends leicht dem Wein ergeben.

- Morgens mit Verspätung starten,
  Läßt viele in der Folge warten.

- Trotz Diskretion und Schweigepflicht
  Bleibt kaum ein Sitzungszimmer dicht.

- Bilanzen kann man kunstvoll schönen
  Und sich an dieses Tun gewöhnen.

- Schwache Zahlen kosten Nerven,
  Schwache Manager Reserven.

- Wer zu sehr an sich selber glaubt,
  Wird oft des Feingefühls beraubt.

- Man soll den Abgang selbst einleiten,
  Bevor die Zügel ei'm entgleiten.

- Das Sportliche am Aufsichtsrat
  Ist offensichtlich der Spagat.

- Ohne Verantwortung zu tragen,
  Darf man auch Unsinn straflos sagen.

Die Erfolgsfalle

Es dauert keine Ewigkeit,
Wenn er zu Höherem geboren,
Nach ein paar Jahren ist's soweit,
Schon ist die Selbstkritik verloren.
Der Weg bis dahin ist nicht steinig
Und führt mit Sicherheit zum Ziel,
Die Umwelt ist sich helfend einig,
Denn Subalterne gibt es viel.

Gedeckte Farben werden greller,
Die lauten Töne mehren sich,
Das eig'ne Ich wird immer heller,
Das Urteil schnell und richterlich.
Die Anerkennung der Kulisse,
In ihrer Wirkung wohl dosiert,
Verkittet auch die kleinsten Risse,
Bevor er selber sich geniert.

Nur allzu willig lauscht das Ohr
All derer, die nach oben streben,
Und brüllend lachen sie im Chor,
Falls scherzend sie ihn gar erleben.
Selbst wenn die Scherze etwas lahm,
Das läßt sich kaum verübeln,
Glaubt er, er hätte wirklich Charme
Aus vollen Herzenskübeln.

Der Blick nach innen als der Schild,
Der ein' am besten schützt,
Weicht einem trügerischen Bild
Das sich auf and're stützt.
Jetzt spielt er eine Rolle,
Und auf Erfolg erpicht
Verliert er die Kontrolle;
Claqueure warnen nicht.

Dann schnappt sie zu, die Falle,
Fortuna war gekränkt.
Auf einmal wußten's alle
Der Mann gehört „versenkt".

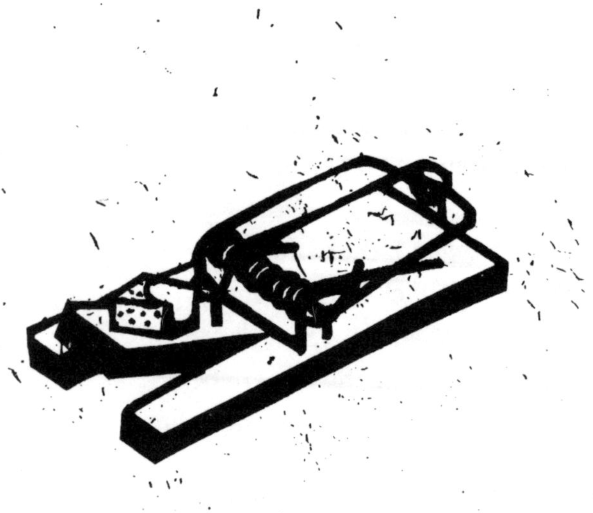

Der Sitzungsrhythmus

Ein großer Firmenorganismus
Beschleunigt leicht den Sitzungsrhythmus
In vielfältigster Form,
Halb- oder ganztags ist die Norm.
So mancher daher schon vergißt,
Was immer zu besprechen ist,
Und lernt erst aus dem Protokoll
Worum es diesmal gehen soll.
Doch sitzen tun sie trotzdem gern,
Man ist den Handlungszwängen fern
Sowie in dem Gefühl verbunden,
Im Grunde stören nur die Kunden.
Entscheidungsschwäche und Berater
Sind allzu oft der Sitzung Vater,
Sie werden garantiert verhindern,
Daß sich die Sitzungszahlen mindern.

Die Halbierung

Wenn man Beratern raten könnte
Und Sensationserfolge gönnte,
Dann wären sie zu animieren
Die Sitzungszeiten zu addieren.
Denn nichts wächst heutzutage wilder
Als Sitzungen und Temposchilder,
Die wirklich keiner reklamierte,
Falls über Nacht man sie halbierte.

Kommunikation

Schwer ist die Kommunikation
In Häusern großer Dimension.
Was immer der Bemühung Lohn,
Die Fahrer wußten alles schon.

Der Kunstsammler

Erst wird er was,
Dann tut er das:
Er nutzt des Schicksals Gunst
Und sammelt Kunst.
Natürlich progressiv,
Sonst hängt das Image schief.
Just dieses ist ihm teuer,
Drum investiert er ungeheuer
In Stelen und in Bilder
Sowie in güld'ne Künstlerschilder.
Die Frau, die kaum so kunstversessen,
Hat ärmere Zeiten nicht vergessen.
Sie würde lieber sparen,
Um dies nicht wieder zu erfahren.
Dann denkt sie sich ganz leise
– und ist dabei sehr weise –
Lieber ein echter Giacometti
Als eine junge Freundin Betty.

Wohlstandsgestaltung

Mit jedem zusätzlichen Titel,
Erhöhen sich die Kontomittel
Und bringen näher uns der Frage,
Ein Mehr davon heißt oftmals Plage.

Investieren in Modelle,
Die nicht gleich und auf die Schnelle,
Sondern erst in dreissig Jahren
Steuerlich begünstigt waren;
Bonus, wenn man jetzt erwirbt,
Dafür aber früher stirbt.
Parallel noch Immobilien
Progressiv teils auf Sizilien,
Oder auch in Deutschlands Osten
Schiffe, die nur langsam rosten;
Angereichert leicht mit Rubel,
Derivat zum Euro-Trubel.

Kurse fallen, Kurse steigen,
Beispiele wie diese zeigen,
Wohlstand will gestaltet werden,
Nichts wird dir geschenkt auf Erden.

Reflektionen

Ohne dümmliches Verschwenden,
Erspartes sinnvoll zu verwenden,
Sollte man am besten üben,
Bevor sich die Gedanken trüben.
Reflektionen als Wohltäter
Erlebst du vorher, nicht mehr später.

Spaß am Stiften

Tücken hat auch das Verschenken
Selbst für einen guten Zweck,
Denn man muß dabei bedenken,
Daß Gegebenes dann weg.
Jedenfalls mal für die Erben
Und was heißt da noch das Wort,
Wenn am Ende nach dem Sterben
Das begehrte Geld schon fort.

Nicht immer scheint der Spaß am Stiften
Die Stimmung en famille zu liften.

Erschwingliches Reisen

Sofern du flugs entscheidungswillig,
Ist die Last-Minute-Reise billig.
Doch noch erschwinglicher ist die,
Wo man mit etwas Phantasie
Von seinen Erben ohne Schaden
Zur Weltumrundung eingeladen.

Die Erbschaftsteuer

Die Erbschaftsteuer
Gilt wohl immer
Als reichlich teuer,
Wenn nicht schlimmer.
Sie wird nur dann entbehrlich,
Vielleicht ist das ein Trost,
Wenn das Ererbte spärlich,
Was mehr uns noch erbost.

Die Waage

Beim morgendlichen Wiegen
Gilt es, die Waage zu besiegen,
Denn ohne Kenntnis der Physik
Macht sie uns meistens viel zu dick.
Eine Anzahl von Geboten
Bietet Hilfe beim Ausloten:

- Wieg' dich nie mit vollem Magen
  Und an hohen Feiertagen;

- Kaffee und Tee erst setzen lassen,
  Bevor wir das Gewicht erfassen.

- Dusche kalt und wiege dann,
  Ohne Zähne, wenn man kann.

- Ähnlich gilt's zu garantieren,
  Nicht schon wiegen vor'm Frottieren.

- Und natürlich ohne Socken,
  Oder gar Perückenlocken.

- Auf der Waage atme ein,
  Bück dich leicht und mach dich klein.

- Nur bei chronischem Verdruß
  Wiege dich auf einem Fuß.

Mit diesem ausgefeilten Code
Wiegt sich's leichter ohne Not.
Der, der meint, er könnt's vergessen,
Kann schlichtweg nur die Hälfte essen.

Das Fahrrad

Als wohlbekannter Mann der Tat
Gilt er nicht als Athlet,
Drum folgte er des Sportlers Rat,
Für's Radeln sei es nie zu spät.
Zur optimalen Kraftentfaltung
Muß ein sehr leichtes Velo her
Mit einer Super-Multi-Schaltung,
Weil der Erfolgsmensch oft zu schwer.
Das treibt den Preis plus Mehrwertsteuer,
Hightech am Fahrrad ist recht teuer,
Hätt' er statt dessen abgenommen,
Wär' es ihn billiger gekommen.

Gratis dafür die Lederhose,
Um hinten zarte Haut zu schonen
Und eine kleine Salbendose,
Die soll bei läng'rer Fahrt sich lohnen.
Am Ende heißt es aufgesessen,
Den Bürzel hoch, den Kopf darnieder,
So schlecht hat er noch nie gesessen,
Es schwellen Hals und Augenlider.

Ob dies gesund, ob dies Verderben,
Das Urteil fällen dann die Erben;
Doch sicherlich ist aufrecht zuckeln
Sympathischer als strampelnd buckeln.

Die Golfklinik

Golf könnte sehr viel schöner sein,
Wäre das Loch nicht derart klein.
Außerdem auf achtzehn Bahnen
Noch die übrigen Schikanen
Wandeln in der Regel Lust
Überraschend schnell in Frust.
Alle, die dies gleich empfinden,
Deren Bälle oft entschwinden,
Dürften sich klammheimlich fragen,
Wozu die vierzehn Schläger tragen.
Warum die permanente Qual
Des Mißerfolgs mit Par und Zahl,
Wo Freude, Reiz und Golfer-Stolz
Im Grund versammelt sind im Holz.
Davon das Längste hoch vom Tee
Beflügelt stark die Phantasie.
Allein den Schlag mit seinem Klang
Genießt das Ohr sekundenlang.

Und dann in Folge steigt der Ball
Schier endlos vor dem Runterfall,
Als ob die Schwerkraft wär' besiegt,
Als ob man vogelgleich selbst fliegt.
Doch rasch gestutzt wird das Gefieder,
Das Irdische umfängt uns wieder,
Sobald der Ball konträr zum Loch
Leicht hoppelnd in die Büsche kroch.

Daher die zündende Idee,
Statt solchem, Golf auf hoher See.
Ein Urlaub der besond'ren Art
Dank Hapag's Dampfer „Avantgarde".
Erstaunt erlebt man seinen Sport
Frappierend anders dort an Bord,
Denn mit dem Horizont als Ziel
Mutiert das Golf zum heit'ren Spiel.
Man schlägt entspannt vom Achterdeck:
Bums, ist der Ball für immer weg.
Kein langweiliges Bällesuchen,
Kein lautes oder leises Fluchen,
Kein enervierend tiefer Bunker,
Kein transparentes Zähl-Geflunker,
Kein Gar-Nichts, was den Ball behindert
Sowie die Freude an ihm mindert.

Zudem wirkt volle Fahrt voraus,
Ballistisch sich sehr günstig aus.
Selbst ältere Jahrgänge
Gewinnen stark an Länge,
Und jeweils folgt ein Raunen
Dem eigenen Erstaunen.
Am Ende seiner Flugkarriere
Versinkt er irgendwo im Meere
Für ewig kullernd auf dem Grund,
Weil Bälle unbestreitbar rund.

Sie bleiben dort, man selbst zieht weiter,
Dies stimmt uns ausgesprochen heiter,
Denn keiner wirkte unbeschwert,
Wär' es de facto umgekehrt.
Im Einweggolf heißt dies „markieren",
Nicht etwa einen Ball verlieren.
Insofern spielt die Lage
Auch keine Rolle unter Tage.
Ein jeder Schlag ein Unikat.
Der neue Ball liegt schon parat,
Da wachst du auf und glaubst es kaum,
Das Ganze war ein kühner Traum.
In Wahrheit droht wie früher schon
Die Golfklinik mit Halbpension.

Der sechzigste Geburtstag

Runde Geburtstage gelten
Als was besonderes, weil selten.
Dabei ist der Sechzigste
Wohl zweifellos der prächtigste.
Allein mit Hinweis auf die Uhr
Bedeutet dieser Tag Struktur.
Sechzig Minuten zählt die Stunde.
Sechzigfach taktet die Sekunde.
Sechzig Jahre, ob kurz oder lang,
Haben einen eigenen Klang.

Wir denken noch sowohl nach vorn
Wie auch nach hinten ohne Zorn.
Man ist das letzte Mal dort oben,
Wo alle lauthals einen loben,
Wie toll er ist und war,
Was nicht ganz neu dem Jubilar.
Wer würde Gleiches wohl bekunden
Aus Anlaß eines nächsten Runden?
Von daher ist er in der Tat,
Der Sechzigste, ein Unikat.

Es gibt im Leben Dinge,
Die, wenn die Zeit verginge
Und keiner sie fixiert,
Unwiederbringlich man verliert.
Drum stelle fest, Du bist bescheiden
Und möchtest jeden Aufwand meiden.
Im Grunde, sag', sind solche Tage
Dir und den Deinen eine Plage.
Wenn vielleicht doch ein Festempfang,
Dann ganz allein aus Kundenzwang.

Lade Freunde ein und Leute,
Sie kommen sämtlichst gerne heute.
Erfreue Dich an ihrer Zahl,
Manch einer kommt zum letzten Mal.
Bei Geschenken räume ein,
Es sollte eine Spende sein,
Die es erlaubt, leicht nachzuzählen,
Wieviel Du jedem wert gewesen.

Achte darauf, wer wohl erpicht,
Daß er vor allen anderen spricht.
Hier heißt es, die Frequenz zu lenken,
Die Redner auf nur zehn beschränken.
Ein bißchen Haydn oder Bach,
Zunächst davor, und dann danach,
Tunlichst im Sitzen statt im Steh'n,
Damit nicht viele vorher geh'n.
Dies sichert den verdienten Rahmen,
Der auch geeignet für die Damen.

Nun laß' den Dingen ihren Lauf
Und schließ' Dich der Laudatio auf.
Am Anfang wirkt das Lob entartet
So, wie von Anbeginn erwartet.
Selbst wenn man nicht besonders kleinlich,
Ist schon die Art der Wortwahl peinlich.

Rasch scheint im Fortgang dann statt dessen
Der Tenor plötzlich angemessen.
Da war nichts übertrieben,
Nur wahrheitsnah beschrieben.
Und im Verlauf, am Ende
Hätt' man gewünscht, er fände,
Der Herr Professor Soundso
Noch etwas mehr Fortissimo.

Zu recht zieht man das Resümee:
Der Sechzigste ist nicht nur Schmäh.
So reifen Okkasionen,
Für die sich Opfer lohnen.

Der Führungspensionär

Es kommt gar nicht von ungefähr,
Dass mancher Führungspensionär
Des morgens aus dem Bette schnellt,
Obwohl der Wecker nicht geschellt,
Nachdem – wie früher – in der Nacht
Um zwei er schon mal aufgewacht.
Man ist noch hier und da berechtigt
Und gibt sich überaus beschäftigt,
Gefragt, wie er solch Stress empfände,
Freut er sich auf das Wochenende.
Derart zu hecheln ohne Not
Ist besser als in Ruhe tot.

Morbus pensionaeris

Nicht selten tut der Pensionär
Als solcher sich unsagbar schwer.
Auf einmal ist es da, das Loch
In das er in Angstträumen kroch,
Und das ihn nun umfängt
Nachdem er es bislang verdrängt.

Je mehr er vorher war
Wird ihm nun peinvoll klar
An seinem letzten Arbeitstag,
Pünktlich mit dem Glockenschlag
Entschwindet das Dekor,
Auf das so mancher schwor.

Arbeitslose dergestalt
Leiden an Psychosen bald.
Plötzlich überflüssig sein
Macht sie vor sich selber klein.
Kümmert dann sich keiner,
Wird man immer kleiner.

Solches gilt es zu verhindern.
Morbus pensionaeris läßt sich lindern
Durch das Mittel:
„Du bist Du und nicht der Titel".

Des weiteren: „Freiwillig gehen,
Statt anderen im Wege stehen",
Mental verabreicht hilft fast immer,
Ansonsten wird es eher noch schlimmer.

Und schließlich eine dritte Kur,
Nach Möglichkeit rund um die Uhr,
Bevor sich die Gedanken trüben
„Loslassen konsequenter üben".

Diese Therapie befreit
Und verhindert Selbstmitleid.
Kaum mehr später meint man schon,
Das Bisherige war Fron.

Doppelt soviel Mann

Gar viele Pensionäre
Empfinden Inhaltsleere
Und tiefes Selbstmitleid
Im Rückblick auf die Zeit.
Wie ihre Ehefrauen
Dies ihrerseits verdauen,
Zählt nicht zu seiner Welt,
Obwohl die Hälfte noch an Geld
Und doppelt soviel Mann
Das treu'ste Weib frustrieren kann.

Der siebzigste Geburtstag

Der Siebzigste gilt in der Tat
Als Datum, das zutiefst privat.
Keine Verpflichtung, keine Posten,
Kein Dinner mehr auf Firmenkosten;
Kein Redner drängt sich noch nach vorn,
Kein Nichtbeachten zeitigt Zorn;
Es läßt sich feiern, wie man will,
Der eine laut, der and're still.

Wie sagt so schön Ricarda Huch
Sehr einfühlsam in ihrem Buch:
Obwohl die Jugend jetzt schon fern,
Lebt sich's besonders deshalb gern,
Weil uns bewußt, daß jedes Jahr
Für sich gesehen wertvoll war.
Man fährt die Lebensernte ein,
Ohne Getriebener zu sein.

Man weiß, was wichtig und was nicht,
Man kennt den Schatten wie das Licht,
Man lernt, den Freund zu unterscheiden,
Und manchen anderen zu meiden.

Man schaut zugleich in ein Jahrzehnt,
Nach dem sich niemand wirklich sehnt,
Doch dankbar in Gelassenheit,
Zudem, wenn man dabei zu zweit.
Im Sinne solcher Phasenhäutung
Verdient der Siebzigste Bedeutung.

Wer immer noch von Siegen träumt,
Wer immer noch vor Ehrgeiz schäumt,
Wer sein Büro partout nicht räumt,
Der hat ein bißchen was versäumt.

Schlußbetrachtung

Wenn mancher Manager am Ende,
Golf spannender denn Macht empfände,
Wär' dieses besser in der Tat,
Als Drang in Richtung Aufsichtsrat.
Statt dessen möglichst in sich ruhn
Und endlich mal was anderes tun.
Mein Gott, was fliegt der Ball so weit;
Vieles im Lebens hat seine Zeit.

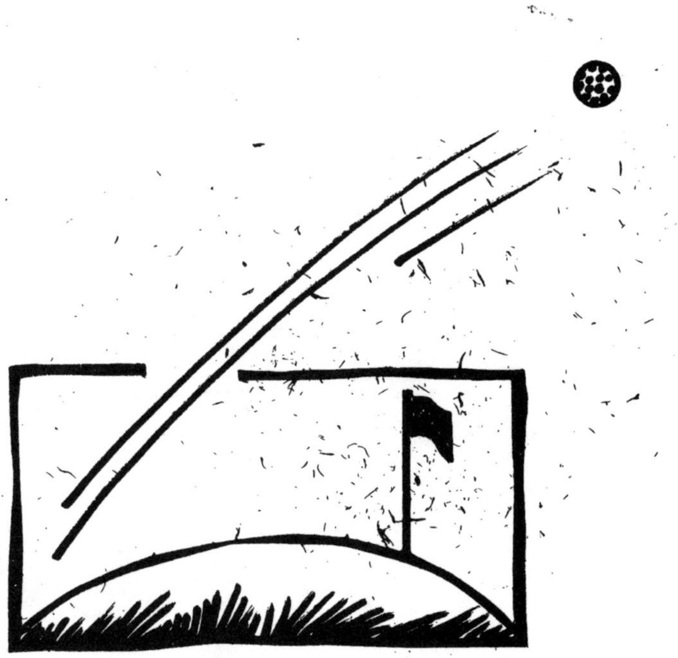